BEI GRIN MACHT SICH WISSEN BEZAHLT

Bibliografische Information der Deutschen Nationalbibliothek:

Die Deutsche Bibliothek verzeichnet diese Publikation in der Deutschen National-bibliografie; detaillierte bibliografische Daten sind im Internet über http://dnb.d-nb.de/ abrufbar.

Impressum:

Copyright © 2016 GRIN Verlag, Open Publishing GmbH
Druck und Bindung: Books on Demand GmbH, Norderstedt Germany
ISBN: 9783668595897

Dieses Buch bei GRIN:

https://www.grin.com/document/384576

Julian Breininger

Die Entwicklung des "Cloud Computing" und die technischen Grundlagen im privaten Bereich sowie im Unternehmenskontext

GRIN Verlag

GRIN - Your knowledge has value

Der GRIN Verlag publiziert seit 1998 wissenschaftliche Arbeiten von Studenten, Hochschullehrern und anderen Akademikern als eBook und gedrucktes Buch. Die Verlagswebsite www.grin.com ist die ideale Plattform zur Veröffentlichung von Hausarbeiten, Abschlussarbeiten, wissenschaftlichen Aufsätzen, Dissertationen und Fachbüchern.

Besuchen Sie uns im Internet:

http://www.grin.com/

http://www.facebook.com/grincom

http://www.twitter.com/grin_com

Inhaltsverzeichnis

Abbildungsverzeichnis..I

Abkürzungsverzeichnis..I

1   Einleitung..1

2   Definition 2

2.1   Servicemodelle..3

2.1.1   IaaS – Infrastructure as a Service 3

2.1.2   PaaS – Platform as a Service 4

2.1.3   SaaS – Software as a Service 4

2.2   Bereitstellungsmodelle..4

2.2.1   Private Cloud 5

2.2.2   Public Cloud 5

2.2.3   Community Cloud..5

2.2.4   Hybrid Cloud 6

2.3   Charakteristiken 6

3   Entwicklung..7

3.1   Internet und Internettechnologien..7

3.2   Fortschritte in der Informationstechnik 8

3.3   Industrialisierung in der Informationstechnik..8

3.4   Verhalten der Nutzer..8

4   Risiken..9

4.1   Datensicherheit und Datenschutz..9

4.2   Abhängigkeit vom Anbieter..10

4.3   Internetverbindung..10

4.4   Angriffsszenarien..10

5   Chancen 11

5.1   Ortsunabhängiger Zugriff..11

5.2   Flexibilität und hohe Skalierbarkeit..11

5.3   Kostenvorteile..11

5.4   Schutz vor Angriffen 11

5.5   Geringerer Wartungsbedarf..12

5.6   Geringere Softwarekosten..12

5.7   Plattformunabhängigkeit..12

5.8   Hohe Rechenleistung 12

6   Fazit..13

Literaturverzeichnis..14

Abbildungsverzeichnis

Abb. 1: Schematische Darstellung des Cloud Computing..2
Abb. 2: Cloud Servicemodelle...3
Abb. 3: Cloud Bereitstellungsmodelle...5
Abb. 4: Einflussfaktoren bei der Entstehung von Cloud Computing..............................7

Abkürzungsverzeichnis

CRM .... Customer Relationship Management
ERP .... Enterprise Ressource Planning
HTTP .... Hypertext Transfer Protocol
IaaS .... Infrastructure as a Service
IT .... Informationstechnik
NIST .... National Institute of Standards and Technology
PaaS .... Platform as a Service
PC .... Personal Computer
SaaS .... Software as a Service
TQM .... Total Quality Management
USB .... Universal Serial Bus
VoD .... Video on Demand

1 Einleitung

Cloud Computing stellt einen momentanen Trend in der IT-Branche dar. Der Begriff Cloud Computing bezeichnet die Verlagerung von Speicherplatz, Rechenkapazität oder Softwareanwendungen in die sog. Cloud.[1] Hier stehen Rechnersysteme bereit auf die jederzeit ortsunabhängig zugegriffen werden kann. Daher kommt auch der Name „Cloud" (Wolke), der die Charakteristika der Cloud, als örtlich nicht fixiertes Medium deutlich macht.

Im privaten Bereich hat sich die Cloud schon längst durchgesetzt. Auslagerung von Dokumenten, Bildern und Videos in die Wolke wird von vielen Anwendern bereits vorgenommen. Ein Beispiel hierfür ist z.B. der Anbieter Dropbox.[2] Dieser ermöglicht oben genannte Fähigkeiten und bietet zudem die Möglichkeit, seine Dateien mit Freunden und Bekannten zu teilen. Ein weiteres Beispiel des Nutzens von Cloud-Computing-Konzepten im Alltag bieten die sog. VoD-Anbieter. Als Beispiel sind hier Netflix und Amazon instant Video zu nennen.[3] Diese bieten ihren Kunden den Zugriff auf eine umfassende Palette von Filmen und Serien, die über die Internetverbindung von großen Rechnernetzwerken geliefert wird.

Auch im Unternehmensbereich sind mittlerweile verschiedene Cloudkonzepte zu finden. So ist es möglich komplette Programme auf externe Server auszulagern. Mit Azure[4] bietet beispielsweise Microsoft eine Möglichkeit das unternehmenseigene ERP-System vollständig auszulagern. Aktuell nutzen etwa 44% der Unternehmen Cloudlösungen, was einen Anstieg von 4% im Vergleich zum Vorjahr bedeutet.[5]

Wie sich an den genannten Beispielen erkennen lässt wird Cloud Computing sowohl im privaten Bereich, als auch im Unternehmensumfeld bereits genutzt und die Nutzerzahlen steigen stetig an. Das Ziel der Studienarbeit ist es einen Überblick über die Entwicklungen und die technologischen Grundlagen in diesem Bereich zu verschaffen. Ausserdem werden die Vorteile, die durch Nutzung dieser Technik entstehen erörtert. Neben positiven Aspekten sollten die Gefahren, die diese Technologie mit sich bringt nicht unterschätzt und eine kritische Betrachtung durchgeführt werden. Abschließend soll eine Bewertung über den Einsatz von Cloudservices sowohl im privaten Bereich, als auch im Unternehmenskontext vorgenommen werden.

---

[1] Vgl. National Institute of Standards and Technology, 2011, S.2.
[2] https://www.dropbox.com.
[3] http://www.netflix.com; http://www.amazon.de/Instant-Video.
[4] https://azure.microsoft.com
[5] Vgl. Bitkom, 2015.

2 Definition

In der Literatur gibt es verschiedene Definitionen zu dem Begriff „Cloud Computing" zu finden. Viele Autoren benutzen eigene Definitionen oder leiten ihre Definitionen aus anderen Definitionen ab. Eine der häufig zitiertesten Definitionen ist die des National Institute-Standards and Technology, die im Oktober 2011 veröffentlicht wurde.[6]

„Cloud computing is a model for enabling ubiquitous, convenient, on-demand network access to a shared pool of configurable computing resources (e.g., networks, servers, storage, applications, and services) that can be rapidly provisioned and released with minimal management effort or service provider interaction. This cloud model is composed of five essential characteristics, three service models, and four deployment models." [7] Cloud Computing stellt also Speicherplatz, Rechenkapazität oder Anwendungen bereit, auf die so einfach wie möglich und jederzeit von überall zugegriffen werden können soll.

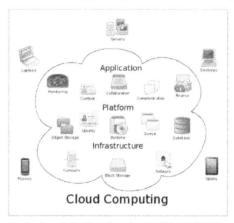

Abb. 1 Schematische Darstellung des Cloud Computing
Quelle:Diefenbach et al, 2013, S.7

Angeboten werden Cloudlösungen allgemein in 3 Servicemodellen. Hier wird zwischen *Infrastructure as a Service* (IaaS), *Platform as a Service* (PaaS) und *Software as a Service* (SaaS) unterschieden.[8] Neben den Servicemodellen lassen sich Cloudlösungen nach vier Arten der Bereitstellung aufgliedern. Diese unterscheiden sich darin von wem die Services angeboten werden und welche Zielgruppe angesprochen werden soll. Hier wird zwischen *Public Clouds*, *Private Clouds*, *Hybrid Clouds* und *Community Clouds* differenziert.[9] Gemäß Definition des NIST gibt es fünf Charakteristiken, die jede Cloudlösung mit sich bringt. Dazu gehört der Zugriff nach Bedarf (*on-demand self-service*), die Nutzung breitbandiger Netzwerkzugänge

---

[6] Laut Google Scholar bislang etwa 2400 Zitationen.
[7] National Institute of Standards and Technology, 2011, S.2.
[8] Vgl. Diefenbach et al., 2013, S.7.
[9] Vgl. Fraunhofer-Institut für Arbeitswirtschaft und Organisation IAO, o.J.

(*broad network access*), die Bündelung von Ressourcen *(ressource pooling)*, Elastizität *(rapid elasticity)* und die Messbarkeit der Nutzung (*measured service*).[10]

2.1 Servicemodelle

Cloud-Lösungen werden der Definition gemäß NIST in den drei verschiedenen Modellen Infrastructure as a Service (IaaS), Platform as a Service (PaaS) und Software as a Service (SaaS) angeboten.[11] Die Unterschiede zwischen den Modellen finden sich darin, in welchem Umfang dem Kunden Leistungen von dem Anbieter bereitgestellt werden. Hierbei wird vom reinen Nutzen der Rechenleistung, der im Hintergrund liegenden Serverstruktur, bis zum Angebot konkreter, auf Cloudtechnik basierender Programme unterschieden. Folgende Grafik von Microsoft veranschaulicht grob die Unterschiede der 3 Modelle und dem klassischen, eigen gehosteten IT-Betrieb. Während beim traditionellen IT-Betrieb die Systeme vom Kunden selbst gemanagt werden, werden bei Cloud Computing verschiedene IT-Ressourcen von einem Anbieter angeboten.

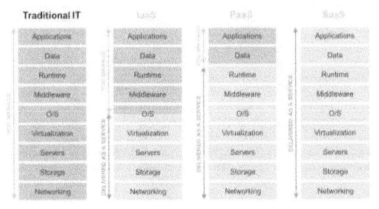

Abb. 2 Cloud Servicemodelle   Quelle: Microsoft, The Oeconomics of the Cloud, 2010

2.1.1 IaaS – Infrastructure as a Service

Bei IaaS-Angeboten stellt der Anbieter den Benutzern eine IT-Infrastruktur in Form von Speicher, Rechenleistung und anderen virtuellen Hardwarressourcen zur Verfügung.[12] Dadurch muss der Anwender selbst die Dienstschicht (Middleware), Laufzeitumgebungen (Runtime) und Anwendungen (applications) bereitstellen.[13] Ein bekanntes Beispiel für eine Lösung dieser Form hat Amazon mit dem Cloud-Dienst „Elastic Compute Cloud" (EC2) geschaffen. Hierbei werden den Kunden virtuelle Server verschiedener Größen, deren Nutzung stundenweise

---

[10] Vgl. National Institute of Standards and Technology, 2011, S.2.
[11] Vgl. National Institute of Standards and Technology, 2011, S.2.
[12] Vgl. Diefenbach et al., 2013, S.6.
[13] Vgl. Microsoft, 2010.

abgerechnet wird, angeboten. Zugeteilter Arbeitsspeicher, zugeteilte virtuelle Festplattenkapazität und benötigte Rechenleistung kann sich der Kunde selbst aussuchen.[14]

2.1.2 PaaS – Platform as a Service

PaaS-Lösungen liefern dem Kunden komplette Entwicklungsplattformen inklusive Entwicklungswerkzeugen.[15] Dadurch können Anwendungsentwickler Anwendungen entwickeln oder auf eigene Anforderungen hin anpassen.[16] Im Gegensatz zu IaaS wird hier nur Zugriff auf die angeforderte Entwicklungsumgebung gewährt und keinen Zugriff auf tiefere Ebenen wie Dienstschicht oder Betriebssystemebene. Dies bringt allerdings den großen Vorteil mit sich, dass der Kunde keine eigene Hardware zur Verfügung stellen und konfigurieren muss, sondern diese fertig geliefert bekommt. Als Beispiel für eine PaaS-Lösung sei hier Microsoft Azure zu nennen. Azure ermöglicht es Unternehmenssoftware (wie z.B ERP-Systeme) in die Cloud auszulagern und dort den eigenen Wünschen entsprechend anzupassen.

2.1.3 SaaS – Software as a Service

Software as a Service[17] bietet den Nutzern Zugänge zu fertigen Anwendungsprogrammen, die auf der Infrastruktur des Anbieters gehostet werden.[18] Den Nutzern werden also vollständige Anwendungen angeboten, die ohne Bereitstellung einer eigenen IT-Infrastruktur genutzt werden können. SaaS gilt als am weitest verbreiteter und entwickelter Teilbereich des Cloud Computing und bietet Lösungen für viele Geschäftsanwendungen, wie z.B Office-Lösungen, Mail-Lösungen oder andere Kommunikationslösungen.[19] Als Beispiel im privaten Bereich dient hier Dropbox. Dropbox stellt Programme, Weboberflächen und Apps bereit, mithilfe derer man eigene Dateien in der von Dropbox gehosteten Cloud speichern und jederzeit auch wieder abrufen kann. Im Unternehmensbereich gilt der Anbieter Salesforce als der Vorreiter des SaaS-Modells. Das Unternehmen stellt mit Salesforce CRM eine CRM-Lösung bereit, die Vertriebsmitarbeitern ermöglicht standortunabhängig Kundendaten zu speichern und abzurufen.[20]

2.2 Bereitstellungsmodelle

Cloudlösungen können auch nach den Zugriffsbeschränkungen und der Art der Nutzergruppen unterschieden werden. Das National Institute of Standards and Technology teilt Cloud-Lösungen in die 4 Kategorien Private Cloud, Community Cloud, Public Cloud und Hybrid Cloud ein.[21] Jede dieser Kategorien kann in jeder Kombination mit den Servicemodellen IaaS, Paas und SaaS genutzt werden.Die nachfolgende Abbildung 3 liefert einen groben Überblick über die 4 Modelle.

---

[14] Vgl. Strube, 2010.
[15] Vgl. Diefenbach et al., 2013, S.6.
[16] Vgl. Barton, 2014, S.44.
[17] Wird in der Fachliteratur teilweise auch „Software on Demand" genannt.
[18] Vgl. Diefenbach et al., 2013, S.6.
[19] Vgl. Plass et al, 2013, S.38.
[20] Vgl. Salesforce, o.J.
[21] Vgl. National Institute of Standards and Technology, 2011, S.3.

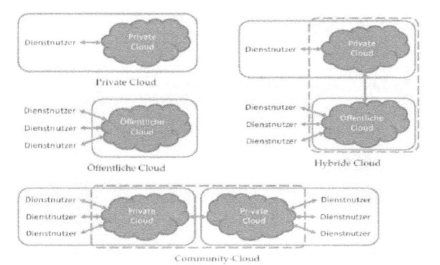

Abb.3 CloudBereitstellungsmodelle
Quelle: Deussen et al., 2010, S.22

2.2.1 Private Cloud

Eine private Cloud ist eine individuelle, häufig von einem Unternehmen oder einer Privatperson selbst gehostete Cloud.[22] Kennzeichnend für eine Private Cloud ist, dass die Nutzung nur für die internen Mitarbeitern oder die Privatperson möglich ist.[23] Es hat also niemand Externes Zugriff auf die eigene Cloud.

2.2.2 Public Cloud

Eine Public Cloud wird im Gegensatz zur Private Cloud immer von einem externen Anbieter betrieben. Public Clouds sind öffentlich zugänglich und können daher von jeder Person und jedem Unternehmen genutzt werden.[24] Als Beispiel für eine Public Cloud wäre Office365 von Microsoft zu nennen, das von jedem gegen eine Nutzungsgebühr genutzt werden kann.

2.2.3 Community Cloud

Eine Community Cloud ist eine Mischung aus private und public Cloud. Sie wird von einer fest-definierten Gruppe von Nutzern genutzt. Sie kann von einem Mitglied innerhalb der Gruppe oder auch extern gehostet werden.[25] Genutzt werden solche Community-Clouds z.B von Unternehmen um die Zusammenarbeit oder den Datenaustausch innerhalb eines gemeinsamen Projekts zu erleichtern.

---

[22] Vgl. Barton, 2014, S.46.
[23] Vgl. Diefenbach et al., 2013, S.30.
[24] Vgl. Diefenbach et al., 2013, S.30.
[25] Vgl. National Institute of Standards and Technology, 2011, S.3.

2.2.4 Hybrid Cloud

Eine Hybrid Cloud ist eine weitere Mischform, die sich aus zwei oder mehr der oben genannten Bereitstellungsmodellen zusammensetzt.[26] So können Unternehmer beispielsweise eine private Cloud für datenschutzkritische Daten nutzen, die im eigenen Unternehmen bleiben sollen. Sonstige Daten können mithilfe einer Public Cloud verwaltet werden.[27]

2.3 Charakteristiken

Generell wird von 5 essentiellen Charakteristiken gesprochen, die Cloudlösungen von traditionellen Rechenzentren unterscheiden.[28] Diese Merkmale werden in der Literatur wie folgt beschrieben:

On-demand self-service: Kunden können den benötigten Umfang des Cloud Services selbst zusammenstellen, ohne selbst physisch mit dem Anbieter in Kontakt treten zu müssen.[29]

Broad network acces: Die Cloud-Lösungen werden über breitbandige Netzwerke zur Verfügung gestellt und der Zugriff wird mithilfe von Standardlösungen für Fat- und Thin-Clients ermöglicht.[30] Der Zugriff über Internet wird also sowohl für mobile Systeme (z.B Handy, Tablet), als auch für immobile Systeme (z.B Desktop Computer) ermöglicht.

Ressource Pooling: Ressource Pooling beschreibt das Aufteilen, der in der Cloudinfrastruktur befindlichen Ressourcen (z.B Speicher, Rechenkapazität, Bandbreite) auf mehrere Benutzer. Der Nutzer bekommt die benötigten Ressourcen zugeteilt, hat aber hierbei keine Kenntnis vom Standort der Ressource.[31]

Rapid elasticity: Elastizität in der IT bedeutet nichts Anderes als Skalierbarkeit. Das wiederrum beinhaltet die Möglichkeit, die zur Verfügung stehenden Ressourcen zu einer bestimmten Zeit flexibel Nutzern zuzuweisen und zu entziehen.[32] Dies ist für Cloudlösungen besonders wichtig, da dem Nutzer die angefragten Ressourcen möglichst schnell zur Verfügung stehen sollten.

Measured service: Die Benutzung einer Public Cloud von einem gewerblichen Anbieter benötigt eine Möglichkeit die Nutzung monetär abrechnen zu können. Hierbei wird die Nutzung mithilfe verschiedener Faktoren und Nutzungskennzeichen protokolliert um eine bessere Kostentransparenz ermöglichen zu können.[33]

---

[26] Vgl. National Institute of Standards and Technology, 2011, S.3.
[27] Vgl. Fraunhofer-Institut für Arbeitswirtschaft und Organisation IAO, o.J.
[28] Vgl. National Institute of Standards and Technology, 2011, S.2.
[29] Vgl. Labes, 2012, S.4.
[30] Vgl. National Institute of Standards and Technology, 2011, S.2.
[31] Vgl. National Institute of Standards and Technology, 2011, S.2.
[32] Vgl. Schouten, 2012.
[33] Vgl. Labes, 2012, S.4.

3 Entwicklung

Der Begriff "Cloud Computing" hat seinen Ursprung im Jahre 2004. Unternehmen wie Facebook, Google und Amazon suchten nach Möglichkeiten ihre eigenen Infrastrukturen stärken zu können und prägten so den Begriff Cloud Computing.[34] Cloud-Computing an sich ist allerdings keine neue Technologie, sondern nutzt verschiedene Fortschritte und Änderungen in der Informationstechnologie.[35] Folgende Abbildung zeigt die 4 Haupteinflussfaktoren, die zur Entwicklung der heutigen Cloud Computing Konzepte geführt haben. Diese Änderungen werden nachfolgend dargestellt.

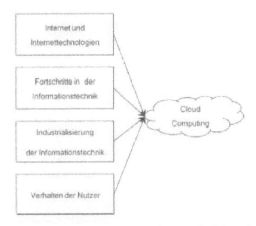

Abb. 4 Einflussfaktoren bei der Entstehung von Cloud Computing
Quelle: Barton, 2014, S.42.

3.1 Internet und Internettechnologien

Die Basistechnologie der Cloud ist das Internet. Nur durch das Internet und daraus resultierende Technologien ist es möglich eine stetige Kommunikation zwischen den Clients (Cloudnutzern) und den Servern (Cloudanbieter) herzustellen. Im Jahre 1995 wurde das World Wide Web der breiten Öffentlichkeit, als Möglichkeit des bequemen Informationsaustausches, vorgestellt und legte so den Grundstein für Cloud Computing.[36] Die technische Realisierung des Internets erfolgt mithilfe des Internetprotokolls.[37] Dadurch ist es möglich PC's in Netzwerken eindeutig zu identifizieren und diesen Informationen mithilfe von Bit-Paketen zukommen zu lassen.[38]

---

[34] Vgl. Kaiserswerth et al., 2012, S.4.
[35] Vgl. Barton, 2014, S.41.
[36] Vgl. Kaiserswerth et al., 2012, S.4.
[37] Aktuell genutzte Versionen sind IPv4 und IPv6
[38] Vgl. Goswami, 2003, S.10 f.

3.2 Fortschritte in der Informationstechnik

Bereits 1965 stellte der amerikanische Physiker Gordon Moore eine These auf, deren Prinzip noch bis heute Bestand hat. Das *Moore's Law „besagt, dass sich die Anzahl der Transistoren pro Fläche auf einem Mikrochip etwa alle 24 Monate verdoppelt und damit die Rechenleistung vervielfacht."*[39] Diese sich ständig erhöhende Leistung von Computern, bei sinkenden Preisen, ermöglicht eine ständige Weiterentwicklung von Cloudlösungen und führt zu einer besseren Akzeptanz in der Gesellschaft. Außerdem trägt die Entwicklung von Mobile Devices wie Laptops oder Smartphones, also die Möglichkeit Rechensysteme ortsunabhängig zu nutzen, der Verbreitung von Cloud Services bei. Durch die genannten Fortschritte sinkt auch der Preis von Speichermedien, welche besonders bei Cloud Services häufig genutzt werden.[40]

3.3 Industrialisierung in der Informationstechnik

Erkenntnisse aus der Industrie und Übertragung der Kenntnisse in die IT-Welt haben die Entwicklung von Cloudlösungen ebenfalls stark beeinflusst.[41] Brenner et al. definiert IT-Industrialisierung als *„Übertragung erfolgreicher Managementkonzepte und -methoden aus der industriellen Fertigung auf die IT-Leistungserstellung"*[42]

Konzepte aus der Automobilindustrie wie beispielsweiße Kaizen[43], TQM, oder Fliessbandfertigung stellen mittlerweile einen Standard bei der Produktion von IT-Komponenten dar.[44] Durch diese Methoden kann effizienter produziert und somit größere Mengen an Computersystemen für den Markt bereitgestellt werden. Durch diese Entwicklung können Cloud Services von vielen Nutzer benutzt werden, da die benötigte Hardware weitläufig verfügbar ist.

3.4 Verhalten der Nutzer

Digital Natives, also Menschen die mit der Nutzung von Internetangeboten aufgewachsen sind, beeinflussen zunehmend andere Mitmenschen und steigern so die Nutzerzahlen neuer Internetangebote.[45] Diese Verhaltensänderungen haben auch dazu geführt, dass Nutzer ortsunabhängig und zu jeder Zeit mit den verschiedensten Endgeräten auf Anwendungen zugreifen wollen.[46]

---

[39] Computerwoche, 2015.
[40] Vgl. Barton, 2014, S.41.
[41] Vgl. Barton, 2014, S.41
[42] Brenner et al., 2010, S.132.
[43] Japanisches Managmentkonzept, das in der Übersetzung „Veränderung zum Besseren" bedeutet. In Europa häufig als kontinuierlicher Verbesserungsprozess bezeichnet.
[44] Grimme/Kreutter, 2013, S.61 f.
[45] Vgl. Neef et al., 2009.
[46] Vgl. Barton, 2014, S.42.

4 Risiken

Natürlich sollte bei der Betrachtung von Technologien eine kritische Auseinandersetzung nicht fehlen. Auch Cloud-Computing hat seine Schattenseiten und diese sollten nicht unerwähnt bleiben. Nachfolgend wird eine Risikenanalyse der größten Probleme von Cloudlösungen durchgeführt.

4.1 Datensicherheit und Datenschutz

Das Auslagern von Daten auf extern gehostete Systemlandschaften mithilfe des Internets stellt grundsätzlich eine Gefahr dar. Man gibt Daten aus der Hand und weiß nicht ob sie in den Händen des Cloudanbieters wirklich vor Missbrauch durch fremde Zugriffe geschützt sind. Es ist also wichtig diese Gefahr einschätzen zu können. Grundsätzlich wird angenommen, dass die Informationssicherheit von größeren Anbietern höher erscheint als bei kleineren Anbietern. Dieser Umstand liegt darin begründet, dass größere Anbieter über bessere technische, finanzielle und personelle Mittel verfügen um größtmögliche Sicherheitsstandards gewährleisten zu können.[47] Ein weiterer Kritikpunkt liegt in der Lokalität der zugrundeliegenden Cloud-Infrastruktur begründet. Der Nutzer von Cloud-Diensten weiß nicht unbedingt in welchem Land sich die Systeme mit den Kundendaten befinden. Problematisch ist dabei die Unkenntnis über die Datenschutzgesetze des betreffenden Landes und die daraus resultierenden Sicherheitsrisiken.[48] Als besonders problematisch gelten dabei Anbieter, die Rechenzentren und Niederlassungen in den USA besitzen. Der amerikanische „Patriot Act" erlaubt US-Behörden ohne richterlichen Beschluss auf Unternehmensserver zugreifen zu können. In der Regel erfährt der Cloudnutzer im Fall des Zugriffs auf seine Daten nichts davon.[49]

Datensicherheit bezieht sich allerdings nicht nur auf die Unterbindung eines unrechtmäßigen Zugriffes, sondern auch auf die persistente Bereitstellung der vom User anvertrauten Daten. Hier spielt vor allem die Haftungsfrage bei Datenverlust eine große Rolle. In der Regel wird diese Haftung in den Cloud-Verträgen oder durch gesetzliche Regelungen bestimmt.[50] Auch hier kann es zu unterschiedlichen länderabhängigen Regelungen, je nach Serverstandort, kommen.

Letztendlich sollte man bedenken, dass keine IT-Lösung absolute Sicherheit versprechen kann. Sowohl der Transport der Daten über Internet, als auch die Systeme der Anbieter an sich könnten Opfer von Hackerangriffen werden. Möglichkeiten dieses Risiko einzudämmen bestehen darin Daten nach kritischen und unkritischen Daten zu trennen. Dabei sollten Cloud-Lösungen nur für unkritische Daten benutzt werden.

---

[47] Vgl. Labes, 2012, S.25.
[48] Vgl. Labes, 2012, S.25.
[49] Vgl. Hansen, 2012, S.91.
[50] Vgl. Borges/ Brennscheidt, 2012, S.50.

4.2 Abhängigkeit vom Anbieter

Durch die Nutzung von Cloudlösungen kann es zu sogennanten „lock-in" - Effekten kommen. Der Begriff beschreibt einen Zustand, indem der Kunde von dem Anbieter stark abhängig ist. In der Konsequenz kann der Kunde nicht einfach zu einem anderen Anbieter wechseln, sondern muss die Konditionen und Bedingungen des Anbieters dauerhaft akzeptieren.[51] Vor allem bei Nutzung von SaaS-Lösungen (z.B Salesforce) ist ein Export der eingegeben Daten, durch in der Regel fehlende Schnittstellen, nicht oder nur schwer realisierbar. Auch Nutzer, die den Anbieter nicht wechseln wollen befinden sich in ähnlicher Gefahr. Im Unternehmensumfeld kann es theoretisch zu jeder Zeit zur Insolvenz eines Anbieters kommen. In diesem Fall wären die Daten nicht mehr oder nur unter hohem Aufwand für den Kunden nutzbar.[52]

4.3 Internetverbindung

Wie bereits erörtert, ist das Internet die Grundlagentechnologie des Cloud-Computings. Die benötigte Kommunikation mit den Cloudservern des Anbieters ist schlichtweg unmöglich ohne Internetzugang. Daraus resultierend ist Cloud Computing ohne Internet unmöglich. Durch weitläufig ausgebaute Internetzugänge und mobile Netzwerke ist dieses Problem in Europa zunächst einmal vernachlässigbar. Allerdings ist nicht an jedem Ort die gleiche Bandbreite verfügbar. Dies stellt schon einen größeren Nachteil dar, da eine gering verfügbare Bandbreite Cloud Services stark einschränkt. Der Zugriff auf größere Daten kann z.B um ein vielfaches länger dauern oder Cloud-Applikationen können eine gewisse Bandbreite benötigen um überhaupt zu funktionieren.

4.4 Angriffsszenarien

Neben den bereits gennannten Nachteilen von Cloud-Computing kann es zu Angriffen auf Cloud Server kommen. Beispielhaft werden 3 Angriffsmöglichkeiten vorgestellt.

Virtual machine escape: Cloud Nutzer befinden sich in einer isolierten Umgebung und teilen sich die zugrunde liegenden Ressourcen. Die Gefahr besteht darin, dass diese durch Sicherheitslücken Ihre Umgebung verlassen und auf physische Systeme oder Umgebungen anderer Benutzer zugreifen könnten.[53]
Session Riding and Hijacking: Http ist ein zustandsloses Kommunikationsprotokoll. Daher benötigen Webanwendungen ein Session-Konzept. Der Missbrauch dieses Session-Konzept kann zu einer Übernahme von Identitäten anderer Benutzer führen.[54]
Unsichere Kryptographie: Veraltete oder unsichere Verschlüsselungsverfahren bringen ein hohes Sicherheitsrisiko mit sich und könnten Ziel eines Angriffs werden.[55]

---

[51] Vgl. Bedner, 2012, S.102.
[52] Vgl. Bedner, 2012, S.102.
[53] Vgl. Deussen et al., 2010 S. 64.
[54] Vgl. Deussen et al., 2010 S. 65.
[55] Vgl. Deussen et al., 2010 S. 65.

5 Chancen

Neben den genannten Risiken gibt es auch verschiedene Chancen, die bei mit der Nutzung von Cloud-Konzepten einhergehen. Diese werden im Folgenden aus der Sicht des Anwenders erörtert.

5.1 Ortsunabhängiger Zugriff

Cloudapplikationen im Bereich von SaaS-Konzepten können ortsunabhängig benutzt werden. Datenträger wie Festplatten oder USB-Sticks müssen also nicht mehr zwangsläufig mitgeführt werden um einen Zugriff auf die eigenen Daten zu ermöglichen. Es kann mit Smartphone, Tablet oder Laptop ganz bequem von überall auf die Cloud zugegriffen werden. Einzige Bedingung ist hierbei wie bereits erläutert eine bestehende Internetverbindung.

5.2 Flexibilität und hohe Skalierbarkeit

Im Unternehmensumfeld stellt der Betrieb einer eigenen IT-Infrastruktur hohe Kosten dar. IT-Verantwortliche greifen häufig zu überdimensionierten Systemen, da ein schnelles Anpassen der Leistungsgrenzen eines IT-Systems meistens nicht möglich ist.[56] So muss gewährleistet werden, dass immer genügend Leistungsreserven vorhanden sind. Cloud-Systeme bieten hierbei erhebliche Vorteile. Durch die Technik der rapid elasticity[57] wird es dem Unternehmen ermöglicht nur die wirklich benötigte Rechenleistung bereitgestellt zu bekommen und flexibel auf wechselnde Anforderungen reagieren zu können.

5.3 Kostenvorteile

Der Betrieb einer eigenen IT-Infrastruktur bedeutet hohe Anfangsinvestitionen durch Hardware- und Softwarekosten. Cloudlösungen bieten den Vorteil einer regelmäßigen und vorhersehbaren Kostenstruktur. So sind keine hohen Anfangsinvestitionen nötig und daraus resultierend nur geringe Kapitalbindungen.[58]

5.4 Schutz vor Angriffen

Zwar sind Cloudlösungen als kritisch im Bezug auf Datensicherheit zu betrachten, allerdings kann es auch hier zu Umkehreffekten kommen. Wie bereits erörtert verfügen große Cloudanbieter über ausreichend Ressourcen um sich vor Angriffen effektiv schützen zu können.[59] So können kleine Unternehmen ohne Sicherheitsexperten oder Privatpersonen durch Cloudlösungen Ihre Datensicherherheit im Vergleich zur eigenen Infrastruktur stark erhöhen.[60]

---

[56] Vgl. Plass et al., 2013, S.35.
[57] Siehe 2.3 rapid elasticity.
[58] Vgl. Labes, 2012 S.23 f.
[59] Siehe 4.1 Datensicherheit.
[60] Vgl. Labes, 2012 S.25.

5.5 Geringerer Wartungsbedarf

SaaS-Lösungen reduzieren im Unternehmensumfeld die Wartungskosten der Hardware und der Software. Durch geringere Serverzahl werden die Hardwarewartungskosten gesenkt. Im Softwarebereich werden die Wartungskosten ebenfalls gesenkt, da die genutzten Applikationen in der Cloud betrieben und von dem Cloudanbieter gewartet werden.[61]

5.6 Geringere Softwarekosten

Anstatt Softwarepakete auf jedem Arbeitsplatz zu installieren, bekommen nur Mitarbeiter die wirklich mit der Anwendung arbeiten Zugriff auf die Cloudapplikation. Dabei fallen keine Personalkosten im Vergleich zur lokalen Installation auf den Mitarbeiterrechnern an. Außerdem müssen keine teuren Softwarelizenzen eingekauft werden, sondern die Lizenzen sind im Rahmen der Cloudlösung kostenlos, weil nur die tatsächliche Benutzung bezahlt wird. Einzelne Anbieter bieten ihre Cloudlösungen sogar komplett kostenlos an.[62]

5.7 Plattformunabhängigkeit

Allgemein gilt die Zusammenarbeit verschiedener Plattformen wie beispielsweiße Windows, Linux und Mac als schwierig. Für Cloud-Lösungen spielt die zugrunde liegende Plattform keine Rolle. Dadurch ist es möglich systemunabhängig in der Cloud zu arbeiten und Daten zwischen verschiedenen Systemen auszutauschen.[63]

5.8 Hohe Rechenleistung

Über Cloud-Services stehen dem Nutzer hohe Rechenleistungen durch die Server des Anbieters zur Verfügung. Dadurch entfällt die Leistungslimitierung der zugrundeliegenden Zugriffshardware. So können Prozesse und Applikationen durch Ressourcen aus der Cloud effiezienter und schneller bearbeitet werden.[64]

---

[61] Vgl. Miller, 2008, S.25.
[62] Vgl. Miller, 2008, S.25.
[63] Vgl. Miller, 2008, S.26.
[64] Vgl. Miller, 2008, S.26.

6   Fazit

Cloud Services werden im privaten Umfeld von vielen Menschen bereits genutzt. Auch im Unternehmensbereich ist eine Zunahme diverser Cloudlösungen zu erkennen. Dabei kann der Kunde fertige Applikationen des Cloudanbieters oder sogar Teile der Infrastruktur des Anbieters seinen Bedürfnissen entprechend nutzen. Dies bringt eine Reihe von Vorteilen mit sich. Kunden können von jedem Ort aus auf ihre Daten zugreifen. Außerdem bringen Cloudlösungen eine hohe Flexibilität mit sich, da Kunden nur die wirklich benötigten Ressourcen bereitgestellt bekommen. Durch Nutzung der Infrastruktur und der Applikationen des Anbieters kommt es zu erheblichen Einsparungen im Bereich der Wartung und der Softwarekosten. Desweiteren sprechen die Plattformunabhängigkeit und hohe Rechenleistungen der zugrunde liegenden Infrastruktur für die Nutzung von Cloudlösungen. Gefahren, wie die Abhängigkeit von einem Anbieter oder der Angriff von aussen auf den Cloudserver sind allerdings auch nicht von der Hand zu weißen. Auch die Abhängigkeit von Internetverfügbarkeit bzw. von der Internetgeschwindigkeit stellt ein Problem des Cloud Computings dar. Die größte Gefahr geht allerdings von der Datensicherheit aus. Für viele Unternehmen stellt dies ein KO-Kriteriun dar. Im Unternehmenskontext käme ein Verlust oder Diebstahl von Daten einem Desaster gleich. Durch den Diebstahl von beispielsweiße Kundendaten verliert das Unternehmen erheblich an Vertrauen bei seinen Kunden oder wird sogar verklagt. Ein Risiko das generell jede IT-Lösung mit sich bringt. Allerdings erscheint dieses Risiko bei Cloudkonzepten aufgrund der erörterten Gründe höher.

Abschließend lässt sich festhalten, dass viele dieser Nachteile bei privater Nutzung der Cloud als weniger kritisch zu betrachten sind. Cloudlösungen sind im privaten Bereich bereits durchgängig akzeptiert und werden ihren Siegeszug weiterhin fortsetzen. Es sind größtenteils für den Nutzer praktische Konzepte, durch die der Benutzer einen echten Mehrwert erhält. Hier wären beispielsweise VoD-Anbieter, Email-Provider oder Anbieter von Onlinespeichern zu nennen.

Im Unternehmenskontext erscheint eine abschließende Beurteilung nicht so einfach. Den hier bestehen die angesprochenen Risiken. Allen vorran das Risiko der Datensicherheit. Hier muss jedes Unternehmen für sich selbst entscheiden, wie umfänglich es Cloudservices nutzen will. Dabei stellt sich bei allen Daten die Kernfrage, ob man diese an einen Anbieter weitergibt oder ob man diese nicht doch eher im eigenen Unternehmen belässt. Natürlich bietet Cloud Computing aber auch Chancen die eigene IT sinnvoll zu unterstützen. Im Endeffekt sollte jedes Unternehmen, das an umfangreichen Clouddlösungen interessiert ist eine Chancen-Risiken-Analyse durchführen und nach eigener Gewichtung eine rationale Entscheidung für oder gegen den Cloudservice treffen.

Literaturverzeichnis

Abolhassan, Ferri (Hrsg.): *Der Weg zur modernen IT-Fabrik Industrialisierung – Automatisierung – Optimierung*, Wiesbaden, Springer Gabler, 2013

Barton, Thomas (2014), *E-Business mit Cloud Computing*, Wiesbaden, Springer Vieweg, 2014

Bedner, Mark (2012): *Cloud Computing – Technik, Sicherheit und rechtliche Gestaltung* in: FORUM Wirtschaftsrecht – Band 14, Kassel, kassel university press GmbH, 2012

Bitkom (2015): *Cloud Computing wird Basistechnologie in vielen Unternehmen*, https://www.bitkom.org/Presse/Presseinformation/Cloud-Computing-wird-Basistechnologie-in-vielen-Unternehmen.html (Zugriff 27.11.15)

Borges, Georg/Brennscheidt, Kirstin: (2012), *Rechtsfragen des Cloud Computing – ein Zwischenbericht* in: Borges/Schwenk, 2012, S. 43 - 78

Borges, Georg/Schwenk, Jörg (Hrsg.): *Daten- und Identitätsschutz in Cloud Computing, E-Government und E-Commerce*, Berlin Heidelberg, Springer-Verlag, 2012

Brenner, Walter/Resch, Andreas/Schulz, Veit (2010). *Die Zukunft der IT in Unternehmen.* Frankfurt a.M., Frankfurter Allgemeine Buch, 2010

Computerwoche (2015): *Moore's Law wird 50 Jahre alt*, http://www.computerwoche.de/a/immer-mehr-rechenleistung,3215542 (Zugriff 15.12.15)

Deussen, Peter/Strick, Linda/Peters, Johannes, (2010): *Cloud-Computing für die öffentliche Verwaltung*, ISPRAT-Studie November 2010, Berlin, Fraunhofer-Institut für Offene Kommunikationssysteme

Diefenbach, Stefan/Bruening, Kai/Rickmann, Hagen (Hrsg.): *IT-Outsourcing – Neue Herausforderungen im Zeitalter von Cloud Computing*, Berlin/Heidelberg, Springer Gabler, 2013

Diefenbach, Stefan/Bruening, Kai/Rickmann, Hagen, (2013): *Effizienz und Effektivität im IT-Outsourcing: KPI-basierte Messung der Strategieumsetzung* in: Diefenbach et al. (2013), S. 1-30

Fraunhofer-Institut für Arbeitswirtschaft und Organisation IAO (Hrsg.)(o.J): Was bedeutet Public, Private und Hybrid Cloud ?, http://www.cloud.fraunhofer.de/de/faq/publicprivatehybrid.html (Zugriff 27.11.15)

Goswami, Subrata (2003): *Internet Protocols: Advances, Technologies and Applications*, New York, Springer Science+Business Media, 2003

Grimme, Katharina/Kreutter, Peter (2013*): Industrialisierung in der IT: Gemeinsamkeiten und Unterschiede im Vergleich zu klassischen Industrien* in: Abolhassan (2013), S.61 -71

Hansen, Marit (2012): *Datenschutz in Cloud Computing* in *Daten- und Identitätsschutz* in Borges/Schwenk, 2012, S. 79 - 96

Kaiserswerth, Matthias et al (2012): *White Paper Cloud Computing*, Zürich, Schweizerische Akademie der Technischen Wissenschaften

Labes, Stine (2012): *Grundlagen des Cloud Computing – Konzept und Bewertung von Cloud Computing*, Berlin, Universitätsverlag der TU Berlin, 2012

Microsoft (2010): *The Oeconomics of the Cloud*, 2010

Miller, Michael (2008*): Cloud Computing – Web-based Applications That Change the Way you Work and Collaborate Online*, Indianapolis, Que Publishing, 2008

National Institute of Standards and Technology, (2011), *The NIST Definition of Cloud Computing*, Special Publication 800-145, Gaithersburg, 2011

Neef, Andreas/Schroll, Willi/Theis, Björn (2009): *Die Revolution der Webeingeborenen*, http://www.manager-magazin.de/unternehmen/it/a-625126.html (Zugriff 06.12.15)

Plass, Christoph/Rehmann, Franz/Zimmermann, Andreas, (2013): *Chefsache IT – Wie Sie Cloud Computing und Social Media zum Treiber Ihres Geschäfts machen*, Berlin/Heidelberg, Springer Gabler, 2013

Salesforce(o.J),https://www.salesforce.com/de/form/sem/landing/sales-cloud.jsp?d=70130000000tK1v&DCMP=KNCGoogle&keyword=salesforce&adused=69428 823566&mkwid=scKCvDIHy&pcrid=69428823566&pkw=salesforce&pmt=e&pdv=c (Zugriff 02.12.2015)

Schouten,   Edwin   (2012):   *Rapid   elasiticy   and   the   Cloud*, http://www.thoughtsoncloud.com/2012/09/rapid-elasticity-and-the-cloud/ (Zugriff 05.12.15)

Strube, Philipp (2010): *Amazons Web Services im Überblick: Das Cloud-Computing-Universum* in: t3n Magazin Nr.18 (12/2009-02/2010)

BEI GRIN MACHT SICH IHR WISSEN BEZAHLT

- Wir veröffentlichen Ihre Hausarbeit,
  Bachelor- und Masterarbeit

- Ihr eigenes eBook und Buch -
  weltweit in allen wichtigen Shops

- Verdienen Sie an jedem Verkauf

Jetzt bei www.GRIN.com hochladen
und kostenlos publizieren